AF290427

Soulac, mon âme

Édition : BoD - Books on Demand, info@bod.fr
Impression : BoD - Books on Demand, In de Tarpen 42,
Norderstedt (Allemagne)
Impression à la demande

ISBN : 978-2-3225-2125-8

Dépôt légal : Juin 2024

Soulac, mon âme

Olivier Maje

à mon père

Je suis venu pour la première fois à Soulac au seuil de mes trente ans. Moi qui ne connaissais que la côte méditerranéenne, je découvrais l'océan sauvage et les plages à perte de vue. Je tombais amoureux de l'architecture de cette petite ville et de sa douceur de vivre. Quel bonheur d'y avoir passé quelques heures, quelques jours, quelques semaines, presque chaque été, dans la maison de mon père.

Je vis maintenant depuis un an dans ce petit paradis. Après avoir chanté tout l'été dans les rues de la ville, je voulais partager avec vous ce grand mélange de sentiments, les belles rencontres, le temps qui passe et cet été idyllique qui revient inévitablement nous envahir de toute sa beauté.

J'ai chanté tout l'été
Dans les rues de la ville
De l'aube évaporée
Aux lueurs fragiles

J'y ai mis tout mon coeur
Et j'ai vu dans vos yeux
La tendresse d'une soeur
Et la force d'un adieu

Je garde au fond de moi
Comme autant de richesses
Vos mercis, vos émois
Qui jamais ne me laissent

Les souvenirs d'été
S'effacent sur la plage
Et les grandes marées
Nous font tourner la page

Alors que vient l'hiver
Et ses rues ensablées
J'écris ces quelques vers
Pour mieux vous retrouver

Soulac, mon âme
Je te regarde et je t'aime

Loin de Paname
De ses petits matins blêmes

Ici, le jour
Laisse toute sa place au soleil

Ici, l'amour
Est bien plus fort que la veille

Soulac, mon âme
Je te regarde et je t'aime

Loin de mes larmes
Ici, je chante et je sème

Toutes les fleurs
Qui n'avaient pas vu le jour

Et dans mon coeur
Je laisse une place à l'amour

Ici, les Ferrari sont rares
On en croise rarement les phares
Le vélo a repris ses droits
Fardé de rouille, comme il se doit

Mon vieux biclou, devenu star
A retrouvé tous les égards
Et pour qu'il roule à peu près droit
Je le bichonne, comme il se doit

Avec lui, je pars au hasard
Le coeur au vent et l'air hagard
Du plaisir je deviens la proie
L'âme légère, sans dieu ni loi

Et quand le jour se fait rare
Que la nuit s'offre à mon regard
La dynamo donne le La
En sifflotant, comme il se doit

Les bunkers colorés
Regardent l'océan
Vestiges du passé
Témoins d'un autre temps

Habillés par la plume
D'un homme mystérieux
Qui transforme la brume
En jaune, vert, rouge et bleu

Plus vivants que jamais
Ils se jouent de la pente
Eux qui ont vu tomber
Tant d'âmes innocentes

Pour que nos coeurs de pierre
Aux hivers repentants
Soufflés par la lumière
Restent des coeurs d'enfants

Chez Merlo, il y a deux anges
Des anges gardiens
Des odeurs de café
Des gestes affinés

Chez Merlo, ça se mélange
Des gens, des parfums
Des rires, souvent
Des restes, jamais

Chez Merlo, comme c'est étrange
Les heures s'effacent
Les liens se fondent
Les fleurs et les secrets
Les lèvres torréfiées
Les madeleines partagées
Les chemins inventés

Chez Merlo, il y a deux anges
Qui ne servent pas
Que du café

Le pain qui nous espère
Aux premières lueurs
A Montréal-sur-mer
Nous parfume le coeur

Sa croute généreuse
Nous croustille le café
Et la mie chaleureuse
Rêve de beurre salé

A cent mètres de là
Au péril de sa vie
Il devient chez Ola
Focaccia ou toasty

Et termine en délice
Sa belle promenade
En plongeant dans le vice
D'une folle tapenade

Ma soulacaise
Ma douce blonde en robe rouge

Sous tes persiennes
Les yeux s'émerveillent ou jalousent

Dans la ruelle
Passe le monde et rien ne bouge

Sous tes dentelles
Je m'imagine chanter le blues

Je découvre Soulac
Mon âme à la dérive
Et j'y pose mon sac
Au banc d'une autre rive

Du Pub jusqu'au Memphis
Et du Memphis à l'aube
La nuit se fait moins lisse
Et la pluie devient mauve

A la quête d'un moi
Oublié au passage
Dans de beaux draps de soie
Trop froids et puis trop sages

Enfin libre

Libre d'aimer le vent
A d'autres altitudes
Et de briser les dents
Aux vieilles habitudes

Libre de boire le temps
Sous d'autres latitudes
Et de mêler mon sang
Aux belles attitudes

Comme une bête errante
Perméable au déluge
Loin des ondes blessantes
J'ai trouvé mon refuge

La forêt me protège
Epaisse et chaleureuse
De tout ce grand manège
Qui m'a rendue poreuse

Mon corps se fait la malle
Trop sensible, comme ils disent
Mais d'où viennent les balles
Sinon de leur bêtise

Combien de vies brisées
Faudra-t-il pour comprendre
Qu'à force d'accélérer
On finit par se pendre

Ici, j'ai mon repos
L'océan me guérit
Me nourrit
Me sauve

A marée basse on s'y prélasse
Quand la chaleur nous enlace
Les baïnes sont une aubaine
Une eau bénie qui vaut la peine

Les enfants sont comme des grands
Les baïnes sont leur océan
Et les éperlans pris aux piège
Des requins blancs dans un manège

Chaque soulacais, chaque soulacaise
Chaque année, ramène sa fraise
Dans sa baïne préférée
Son oasis partagée

A marée haute, gare à la faute
Ce n'est pas une flaque où l'on saute
Les baïnes sont une arène
Une eau bannie où va la peine

Les enfants, tout comme les grands
Sont des poussières face au géant
Et les imprudents pris au piège
N'auraient pas dû quitter leurs sièges

Chaque soulacaise, chaque soulacais
Sait bien que pour revoir le quai
Une bonne dose d'humilité
Vaut mieux que de témérité

Dressé fièrement face à la mer
Tu n'avais rien d'une soulacaise
Et ton voisin, paré de pierres
Te faisait l'ombre d'une falaise

Pas beau, c'est sûr, mais fort utile
Des parpaings qui tendaient la main
Pour abriter les plus fragiles
Au coeur des hivers incertains

Mais l'océan reste le roi
L'homme n'est qu'un château de sable
La nature a repris ses droits
Faisant de ces lignes une fable

Le vent a effacé la trace
De ton passage controversé
La dune a retrouvé sa place
Face aux assauts des alizés

Mon voisin de table me disait
Son bonheur d'être soulacais

Ici, tout est beau, tout est calme
Sur les ailes du vent, je plane

Ici, tout est beau, tout est calme
Comme la douceur de Marie-Jeanne

Ici, je kiffe ma vie en rose
Sous le soleil de mes trente ans

Ici, je risque l'overdose
De la beauté des sentiments

Comme ton prénom le dit si bien
Aimée, sans doute infiniment
La tendresse à portée de main
Ta voix nous manque, évidemment

Soulac a vu naître une étoile
De Rithé-Rilou jusqu'au ciel
Sur les planches autant que la toile
Du plein soleil à l'éternel

Fragile et forte de A à Z
Tes combats t'ont rendue plus belle
Puisque ta musique nous aide
Et tes yeux sont un arc-en-ciel

Marie Laforêt, Maïtena
Tu nous as chaviré le coeur
Et sur le sable restera
Le parfum salé de tes fleurs

Le vent se lève
Plus fort que d'habitude
Du bout des lèvres
S'annonce l'inquiétude
Les arbres plient
Et les océans grondent
Les hommes supplient
Que se tiene le monde
La maison craque
Même les murs tremblent
Les volets claquent
Et nous prions ensemble
Pour ne pas crier
Pour ne pas pleurer
Ne pas s'endormir
Pour ne pas renoncer

Le jour se lève
Plus beau que d'habitude
Et moi je rêve
D'un hiver moins rude

C'est au coeur de l'hiver
Que je sais qui je suis
Quand le froid me sidère
Quand le jour devient nuit

Le vent sur mon visage
Me remet à ma place
Je n'suis ni fou, ni sage
Ni de feu, ni de glace

La nature me connait
Elle montre le chemin
Dévoile mes secrets
Et calme mes chagrins

Les ruelles s'illuminent
Et les cheminées fument
Je rêve et j'imagine
Léger comme une plume

Belle endormie sous les sables
Ton choeur veillait sur la chandelle
A l'ombre des dunes instables
Qui te privaient de tes fidèles

Est-ce pour l'histoire ou la foi
Que tes pierres ont revu le jour ?
Est-ce pour un dieu, pour un roi
Pour le pouvoir ou bien l'amour ?

L'obscurité n'a pas vaincu
Et peu importe la croyance
Peu importe le nom de l'élu
Tant que nous célébrons la danse

Enfin libérée de ta cage
Tel un phoenix à la lumière
Tu portes en toi comme message
La force de la fin des terres

C'est donc ici que tout se passe
De l'hostie sacrée jusqu'aux glaces
Le marché fait son cinéma
Ecran géant et petits plats

Quand la rue est pleine à craquer
Nous sommes au coeur de l'été
Quand elle se transforme en désert
Tu comprends bien que c'est l'hiver

Vêtements, bijoux, glaces italiennes
Chaque souvenir a sa persienne
Ici le vélo ne passe pas
Pas de zigzag, ça file droit

Mais la récompense est au bout
Elle se mérite bien je l'avoue
Il ne s'agit pas d'un mirage
Au bout du bout, il y a la plage

Témoin d'un autre temps
Soulac, chaque année
Conjugue le présent
Au passé composté

Troque la grande vitesse
Pour la belle vapeur
Puisque goûte l'ivresse
Qui savoure les heures

Rallume les lumières
De cette belle époque
Les ombrelles légères
Et les brillants pare-chocs

Les costumes fleurissent
Et les robes s'envolent
Les calèches se glissent
Droit vers les années folles

Tes pommettes d'amour
Soufflent sur mes pensées
L'envie de faire un tour
Aux lueurs enlacées

Le tic-tac de nos heures
S'arrête et se transforme
En tactique du bonheur
Là où rougit la pomme

Croque croque mon amour
Salie ma peau sucrée
Dévaste mon séjour
Délite le sacré

Que nos coeurs s'affolent
Jusqu'à savoir crier
Et que nos corps s'affalent
En gouttelettes dorées

Entre mer et forêt
Se cache le trésor
Un paradis sablé
Perdu dans le décor

Des piscines sauvages
Protégées de l'écume
Où la mer est plus sage
Juste au pied de la dune

Les rails d'autrefois
Dessinent les contours
De ces lacs de soie
Remplis d'âme et d'amour

Où les petits et grands
Se prélassent en famille
Au bord de l'océan
Sans risque ni péril

Le farniente est magique
Et les yeux se régalent
Sous le charme idyllique
De la beauté fatale

Mon corps nu sur le sable
S'abandonne au soleil
L'océan qui s'étale
Comme unique témoin

La chaleur nonchalante
Délivre ses douceurs
Et glisse sur la pente
De la dune sauvage

Personne à l'horizon
Seules les vagues me parlent
Des heures et des saisons
Qui savent et s'évaporent

Mon humeur et ma peau
S'unissent à la nature
Comme la terre et l'eau
Face à l'immensité

L'écriture est un plaisir, un partage, une transmission. J'ai laissé, à la fin de ce livre, quelques pages blanches pour vos propres souvenirs et belles inspirations.

Du même auteur :

Le bonsaï géant (BoD 2021)